СЛЕДЫ

Игорь Бальзак

PublishCapital
North Bellmore, New York
www.publishcapital.com

Published by PublishCapital
North Bellmore, NY 11710
www.publishcapital.com

First edition/ Первое издание: March 2026/Март 2026

ISBN (paperback / мягкая обложка)
ISBN- 978-1-7374419-2-2

This book is written in Russian. / Книга написана на русском языке.

Cover design / Дизайн обложки: PublishCapital
Interior design and typesetting / Вёрстка: PublishCapital

Printed in the United States of America / Напечатано в США

Содержание

ОТ АВТОРА

Я родился в стране, которую тогда называли
Советский Союз — в мире, где «дружба народов» и
«правильные семейные ценности» не были только
словами, а опорой, переводившей сложность
жизни в понятную систему. В 1991 году эта система
вдруг распалась, и вместе с ней исчезла та почва,
на которой всё казалось устойчивым и
естественным. Казалось, что мир потерял
привычные опоры, и мы оказались в разрыве
между прошлым, которое ещё жило в памяти, и
будущим, которое ещё не наступило.

В 1995 году моя семья уехала в Америку — сначала
в Ричмонд, Вирджиния. Работа была тяжела и
однообразна; в этой повторяемости бытия
рождались рифмы. Сначала они были
философскими — пытались понять мир и себя в
нём, затем стали лирическими, теплыми и
уязвимыми, иногда — пророческими, как будто
голос пытался предугадать будущее, отплатить
страху обещанием смысла. А потом, внезапно, муза
ушла: не то чтобы исчезло вдохновение навсегда,
скорее настала тишина, в которой оказались все
ответы и вопросы — и мне пришлось слушать её
долго, чтобы снова услышать начало. Там, среди
новых табличек и чужой речи, стихи перестали
быть тайной: они стали нуждаться в свете. Были
встречи, мимолётные романсы; возможно, я
вдохновлял тех, кто был рядом, и получал в ответ
свои маленькие поэтические послания.

В 2005 году мы переехали в Балтимор, Мэриленд — и здесь поэзия на время ушла. Муза стихла не как трагедия, а как естественный уход голоса, который устал и спрятался в тишине. Годы молчания научили меня ждать, учиться слушать и выносить внутри то, что нельзя сразу назвать словами. И только недавно возникла потребность осознать — сложить пережитое, распознать следы перемен и переименовать их в строки. В этот сборник вошли те последние стихи, которые родились из стремления понять, что с нами произошло и как жить с этими изменениями.

Этот сборник — не хроника достижений, а карта потерь и обретений, не попытка дать ответы окончательно; это свидетельство пути, который продолжается. Читайте их как карту: иногда тёмную, иногда светящуюся, но всегда отмеченную шагами человека, который видел, как рушатся целые миры, и пытается заново вырастить корни внутри памяти. Стихи —это попытка вернуть почву, найти корни в памяти и научиться жить с теми переменами, которые не спрашивали нашего согласия. Читайте эти строки, как свидетельство и как приглашение: пусть они будут для Вас и компасом в ночи и утренним отражением в зеркале.

НАЧАЛО ШАГОВ

Следы

Шёл человек своей дорогой,
Шёл за собой оставив след.
И обернувшись видел Б-га
Идущего за ним вослед.

Он был уверен, что такою,
Дорога будет и всегда,
И что увидит за собою,
Своих и Б-га два следа.

В период бури и ненастья —
Страдал и мучился, как все,
Но, оглянувшись в годы счастья,
Он вскрикнул в горе и тоске:

"О как же Ты, Отец Небесный,
Ведь обещал в беде помочь,
И быть всегда со мною вместе,
И отвести несчастья прочь,

Но что же вижу я, о Отче,
Следы — вблизи, и вдалеке,
Когда мне трудно было очень, —
Лишь я оставил на песке?»

А Б-г ответил, с добрым
взглядом:
"О мой возлюбленный сынок,
Быть обещал с тобою рядом,
Но ведь тебе и невдомёк:
****

Когда страданий было много,
Когда тебя окутал страх,
И долгою была дорога, —
Держал тебя я на руках”

***

2 Мая, 1998

ПРЕДСКАЗАНИЕ

Написано 1999-2001

Скоро

Настанут дни, когда цветенье
Заполнит красотой сей мир.
Не будет горя, зла, сомненья.
И мы закатим славный пир.

Получим всё. о чём мечтали.
Заполним радостью сердца.
Ведь мы же этого так ждали—
Жизнь без начала и конца.

Вернётся святость и духовность,
Вернётся сердца чистота,
И разума былая скромность,
Души и тела красота.

Жизнь вдруг застынет на
мгновенье,
Чтоб слиться с вечностью в
забвенье.

***

Рождение Нового Мира

Нам просто в жизни повезло.
Хоть трудно жить в такие
времена.
Деля всё на добро и зло,
Мы будущего сеем семена.

Все рушится вокруг, пылает,
Так словно в страшных муках,
второпях,
Земля грядущий мир рожает
И схватками страдает на сносях.

Мы дети прошлого порока,
Стоим в начале нового пути
Осталось ей чуть-чуть до срока
—
Не мучайся, родная, потерпи!

И схватки эти, муки эти,
Торнадо, тряски, наводненья.
Ведь в них страдают наши дети
В конфликтах, войнах,
столкновеньях.

И всё же, новый мир при этом
Родиться должен точно в срок.
Тьма сменится, конечно,
светом,
Дав миру счастия глоток.

***

Предсказание

Настанут лучшие событья
Наполнит счастье каждый дом.
Придут великие открытья,
И совершится перелом.

И всем доступны станут знанья,
В почёте будет и Талант.
Иными будут и желанья,
И мудрость вознесут, как храм.

Забыты будут зло, гордыня,
И зависть в прошлое уйдёт.
Всё тёмное исчезнет, и
отныне—
Век новый, но иной грядёт.
* * *

Притчи

Зимородок

Зимородок как –то спешно
Хотел скрыться от людей,
На море гнездо, конечно,
Свил средь скал или камней.

Дело ведь такого рода —
Он наивно полагал,
Разного полно народа,
Безопасней среди скал.

Срок настал нести им яйца
Где-то на краю морском,
Высоко, что даже зайцу
Не добраться прямиком.

И решил он как-то сразу
За добычей полетать,
Только море, вот зараза,
Всё волнуется опять.

Птичка к дому возвратилась,
Глядь, — а всё его гнездо
Полностью водой залилось,
Все погибли от и до.

Закричал, что было мочи,
Он от горя на душе:
«Море, думал днём и ночью
Ты защитой будешь мне».
Так и мы в сей жизни грешной
Опасаемся врагов.

А друзья куда успешней —
Предают нас простаков!
***

Лисица

Лисица потеряла хвост
В какой-то западне.
Решила так, что выход прост:
Чем жить с позором и на дне,

Чтоб скрыть увечье поскорей,
Ей нужно убедить других,
Что без хвоста — и красивей,
И мода там, в краях иных.

Собрав зверей, она вокруг
Вертелась так и сяк,
Мол хвост и длинен, и упруг —
Ну лишним был, обмяк.

Её подруга вышла вдруг,
И молвила так, — напрямик:
«Не выгода б твоя, мой друг,
Не убеждала б ты других»
***

7 Смертных грехов

Грех 1: ЗАВИСТЬ
Если вдруг душа твоя
Завистью полна до края,
Вспомни тех, кто, умирая,
Стал песчинкой бытия.

Грех 2: ГНЕВ
Если гнев туманит разум,
Разнося весь мир вокруг,
Глубоко вдохни, мой друг, —
И покой наступит сразу.

Грех 3: ГОРДЫНЯ
Коль гордыня очень гложет,
Заполняя всё внутри,
Оглянись и посмотри
На свои пороки тоже.

Грех 4: ЛЕНЬ
Коль не хочешь ты трудиться,
Наполняя дом и быт,
Будешь ты собой забыт,
Но есть шансы измениться.

Грех 5: ПОХОТЬ
Если спишь с чужой женой,
Не взирая на молву,
Может, кто-то за стеной
Ест с твоей женой халву.

Грех 6: ОБЖОРСТВО
Коль насытится нет
мочи,Наполняя свой живот.
Знай, что долго тот живёт,
Кто ест мало днём и ночью.

Грех 7: ЖАДНОСТЬ
Жадность фраера сгубила,
Несмотря на пылкий ум,
Словно голубь сизокрылый,
Бедным стал, богатый кум.
****

ЛИЧНОЕ

Пройдёт печаль, пройдут и слёзы

Пройдёт печаль, пройдут и
слёзы,
И время свой изменит бег,
И обретут реальность грёзы,
И счастье в дом прийдёт навек.

***

Любовь — Коварная Злодейка

Любовь — коварная злодейка,
Подкравшись мельком втихаря,
Вокруг совьётся тихой змейкой
И не отпустит тебя зря.

И даже если хочешь волю,
Она не даст тебе ничуть,
Лишь круг сжимая по неволе,
Сильнее — так, что не
вздохнуть.

Но есть в прелести объятий
Особый наслажденья пыл.
Ты хочешь вырваться, приятель,
—
А ведь бороться нету сил.

И так живёшь в борьбе, в
смятенье:
Труднее без неё или с ней?

И нет здесь никаких сомнений
—То, что горит, и жжёт больней.

Люби — любовь не знает меры,
Люби без края и конца,
Люби до дрожи всего тела,
До исступления сердца.

Любовь не ведает корысти,
Не знает щедрости предел.
Любовь — есть ты и я, а вместе
—
Союз двоих: и душ, и тел.
Лишь в этом счастье и удача,
Лишь в этом наслажденья суть,
Решится сложная задача —
Тогда и сможем отдохнуть.

* * *

Маме в юбилей

Сегодня здесь, среди друзей,
Отбросив грусти и заботы,
Ты отмечаешь юбилей
И отдыхаешь от работы.

Жизнь быстротечна, как вода,
Но что-то всё же в этом мире,
Хоть огорчая иногда,
Несёт тепло твоей квартире.

Пройдут года — печаль
исчезнет,
И время всю залечит боль,
Возникнет снова свет надежды,
И будет лучшее с тобой.

Порадуют и дети сердце
Успехом и в делах своих,
Откроют новой жизни дверцу,
Подарят внука иль двоих.

Желаем счастья без предела,
Любви и радости без счета,
Чтоб грусть внезапно улетела
Взамен улыбок принесла.

***

Елене

Я пожелать хочу тебе
В сей день Святого Валентина —
Любовь найти в самой себе
И быть конечно же любимой.

Будь благородной и простой,
Высокой моды покоряя скалы,
И будет всё само собой,
Когда найдёшь то, что искала.

В тебе есть ум и доброта,
И красота, и пониманье,
В глазах есть —неба чистота,
А в сердце — нежности
лобзанье.

Не дай же сердцу зачерстветь,
Храня в нём доброту и ласку;
И будешь ты от счастья петь,
Жизнь превращая просто в
сказку.

Пройдёт печаль, пройдут и
слёзы,
И время свой изменит бег,
И обретут реальность грёзы,
И счастье в дом прийдёт навек.

* * *

Весна

Когда ты слышишь: дождь
стучит по крыше,
Вода шумит и катится кругом,
И солнце поднимается всё
выше,
Подснежник расцветает под
окном.

Пришла весна со всей красою
В забытый Б-гом уголок,
И только слышно под росою,
Трещит вчерашний уголёк.

И всё вокруг казалось нам
привычным —
Деревья, горы, реки и леса,
Но только как-то сердце бьётся
зычней,
И хочется взлететь под небеса!

Всё оживает будто снова,
Рождается сей мир опять,
И сладко, и приятно слово,
Что я хотел тебе сказать.

Всё очень быстро изменилось,
Другими стали ты и я,
Как будто солнце растворилось
В незримых нитях бытия.

***

Весенним мир наполнился
дыханьем,
Волнуя разум, будоража кровь,
И сердце переполнено
желаньем
Дать миру радость и познать
любовь.

✳✳✳

Отогрей меня красотка

Отогрей меня, красотка, —
Заморозилась душа.
Подожди ещё немножко,
Действуй нежно, неспеша.

Сердце камнем зачерствело
В одиночестве времен.
Только ты и твоё тело
Растворят застывший лёд.

Не смотри с угрозой строго,
И на помощь не зови.
Нераскрытых чувств так много
В предвкушении любви.

Крылья вырастут, я знаю,
Вдохновением дыша.
Я в истоме замираю, —
Жизнь с тобою хороша.

✳✳✳

Пожеланье

Желаю счастья без предела,
Любви и радости без числа,
Чтоб грусть внезапно улетела
Взамен улыбок принесла.

Пусть дом наполнится
надеждой,
Тепло и достаток будут там.
Друзья вернутся, как и прежде,

Жизнь превратив в чудесный
храм.

И чтоб свершились все желанья,
Так чтоб найти покой в душе.
Тогда и сбудется признанье
О том, что сделано уже.

Желаю также я от сердца
Найти меж всех судьбу свою
И, приоткрыв у счастья дверцу,
Наполнить этим жизнь твою.

Вот, впрочем, всё и пожеланье
Того ж желаю также всем:
Отбросить горе и страданье,
Любить и верить без проблем.

***

Прости

Прости, что был не как хотела,
Прости за радость и печаль,
За боль души, за ласки тела —
Хоть этого не будет жаль.

Излечит время все невзгоды,
Внесёт поправки в ритм и срок.
Всё в жизни, как и у погоды, —
Ошибка тоже ведь урок.

Найдёшь ты счастье и удачу
И обретёшь покой души.
Решатся все твои задачи —
Лишь будь терпимой, не спеши.

Позволь остаться мне собою,
Позволь надеяться, любить.
Хотел лишь рядом быть с тобою,
Чтоб вместе счастье разделить.

***

Тане

Будь счастливой и весёлой,
Радостной и молодой.
Много счастья, мало горя
Быть должно всегда с тобой.

Встретишь день с улыбкой этот,
Вспомнишь молодость свою.
И друзей, и все рассветы,
Что встречала в том краю.

Желаю я тебе удачи,
Любви до гроба, как в кино,
Чтобы решались все задачи,
И деньги бы текли вином.

Будь же радостной, Танюша, —
Всё пройдёт, как белый дым.
Никого теперь не слушай —
Хорошо быть молодым.

Желаю я тебе терпенья,
Всё сбудется, как хочешь ты.
Рассеются твои сомненья —
И правдой станут все мечты.

***

Ты прекрасна

Я хочу тебя обнимать,
Ощущая движенье руки.
Я хочу тебя целовать —
Без печали, боли и тоски.

Ты прекрасна во всей красе —
От волос до кончиков ног.
Прикасаясь губами к росе,
Я целую прекрасный цветок.

Отражается в ночи день,
Лунным светом сквозь темноту.
И красиво падает тень,
Повторяя твою красоту.

И, подобно пчеле, что пьёт
Жадно сладкий нектар цветка,
Мы с тобой ощутим полёт,
Наслажденья, касаясь слегка.

***

ФИЛОСОФСКИЕ

Гимн Духа

Дух молод, вечен! Дух кипит!
Он рвёт оковы, он творит!
Где всё застыло — он грозой,
Где ночь — он свет,
Где страх— он в бой!

Потеря смысла — не конец,
А вдох, чтоб выковать свинец.
Есть в тупике своя искра,
Толкает в путь — идти пора.

Удовлетворённость —тлен,
В ней тихо дремлет дух измен.
Движенье жизнь, покой —
застой!
А дух зовёт: «Иди, не стой!»

Дух вечен! Молод! Не смолкай!
Искри, гори, живи — взлетай!
***

Мой Иерусалим

Я видел мой Иерусалим—
Во сне, наверно, или наяву.
Там Б-г, конечно же, ходил,
Ступал неслышно, тихо на
траву.

Он предложил любовь опять
Вернуть нам вместо злата,
Но люди не смогли понять
И выбрали плоды разврата.

Он создал небо, звёзды и миры,
И землю, и зверей, моря и
горы—
И человек был создан с той
поры,
Когда рождались все просторы.

А мы не приняли, как есть
Подвергнув истину сомненью,
И потеряли славу, честь,
Закрыв ворота к искупленью.

И что же делать нам теперь?
Как изменить судьбы теченье
В какую нам стучаться дверь,
Чтоб вымолить Его прощенье?

Забыть про склоки и раздоры,
Забыть про зависть и обиды,

Оставить в прошлом наши
ссоры
И сердце вновь наполнить
миром.
Найти в друг друге красоту,
В глубинах сердца —
Милосердье,
Слов и поступков чистоту —
Мы обретём, как утешенье.

Пусть свет любви в душе горит,
Пусть тьма уйдёт, как сон
ночной,
В единстве, дух наш возродит
Надежду, веру и покой!

***

По Марку Аврелию

Ты можешь быть мечтаешь
поневоле,
Уединиться где-нибудь средь
гор,
Или найти избушку возле моря,
Иль сельский домик средь
лесных озёр.

Но может быть спокойно,
безмятежно,
Найти в душе своей покой и
дом,
А пристально вглядевшись
внутрь бережно,
Отыщешь правду ты в себе
самом.

И предавайся этому, всё время,
И познавай себя ты вновь и
вновь,
И скинешь одиночества ты
бремя,
И обновляясь — обретёшь
Любовь.

∗∗∗

Пространство

Когда пространство свой
сжимает круг,
И время замирает понемногу,
Ты ощущаешь словно вечность
вдруг
Зовёт тебя в далёкую дорогу

Всё нам узнать на свете
невозможно,
И прочитать все книги трудно
нам.
Лишь прикоснувшись к Б-гу
осторожно
Дав волю чувствам, мыслям и
мечтам.

И всё это конечно, не спроста
И всё это, наверно, было
раньше,
Но только вся земная суета
Уводит нас от этого всё дальше.

***

Подражание Блоку

В день пробужденья, в час
рассвета
Мы все взираем в небеса
И в ожидании ответа
Надеемся на чудеса.

Но чуда не случилось вроде
И день, как день, и ночь, как
ночь.
Всё повторяется в природе,
И как нам это превозмочь?

Летят года, и жизнь несётся,
И время ускоряет бег,
Лишь неизменным остаётся —
Рассвет, день, ночь и человек.
***

Размышление

Я пребываю в размышленье,
Я ощущаю высоту,
Вдруг наступает озаренье—
И вижу дали пустоту.

А проникая в неизвестность,
Находишь путь к своей судьбе
Так словно это бесконечность
Вдруг прикоснулась и к тебе.

Ещё чуть-чуть, ещё немного
И я узнаю правды суть
Увижу истину и Б-га
И вечной жизни новый путь.

***

Вечно

Ты думаешь, что всё на свете
вечно —
Богатство, юность, красота.
Пройдёт всё это быстротечно,
Не оставляя даже следа.

Что толку собирать и копить,
Ценить всё то, что не
постоянно?
Не лучше в душу сердцем
впустить
Любовь и гармонию
пространства?

И думать о величии миров,
Блуждать средь звезд и их
скоплений,
Видеть радость в совершенстве
снов
И наслаждаться без сомнений.

И жадно пить у мудрости
нектар,
Что знания она рождает,
Понимать, что этот Божий дар
Лучшее, что в мире бывает.

* * *

Я счастлив

Я счастлив, хоть со мной и
происходит
Судьбы моей мучительный удел.
Стараюсь жить, хотя и жизнь
проходит,
И многое не сделал — не успел.

Стараюсь наслаждаться
настоящим,
Чтоб обрести от существующего
прок.
И видеть важный смысл в
происходящем,
Полезный получать от этого
урок.

Ведь всё, что с тобой
происходило,
Терялось вдалеке, средь тумана
лет,
Но повторялось всем другим на
диво,
Но лучше времени — и лекаря
нет.

Так что ж тогда печалиться,
дружище?
Давай посмотрим настоящему в
лицо.   Всё это превратится в
пепелище,   Оставив лишь
вечной жизни колесо.

Дверь

Если дверь закрыта изнутри,
Значит, нет ни выхода, ни
входа.
Коль душа замерзла, не горит —
Значит, для любви была плохая
погода.

Если нет надежды впереди,
В тёмных красках жизнь
мерцает,
Оглянись, дружище, посмотри
Солнце в облаках тебе сияет.

Любви загадочные тропы
Пройти любой из нас готов,
Но только внутренние стропы
Нас не избавят от оков.

***

Наставления

Если ты застрял в пути
И трудна тебе дорога,
Подожди ещё немного —
Свет увидишь впереди.

И, идя за этим светом,
Верь в заветную звезду,
Не ищи за это мзду —
Обретёшь себя при этом.

Если изменяют силы,
Жизнь тебе невмоготу,
Ты наполни пустоту,
Напряги сильнее жилы.

Если потерял подругу,
Продвигаясь сквозь года,
Будь спокоен, и тогда
Друг протянет тебе руку.

Если веришь ты в мечту,
Знай, что цели ты добьёшься,
Коль с дороги не собьёшься,
Храня сердца чистоту.

Если ты застрял в дороге
И тебе стал труден путь,
Подожди ещё чуть-чуть —
И придёт решение вскоре.
Когда старость подступила
И нет сил тащить сей крест,

В мире много разных мест,
Где струится жизни свет.

Если кто-то вдруг ответил
Злом на доброту твою,
Сохрани любовь свою,
Оставайся чист и светел.

«На жизнь смотри ты
веселей!»—
Скажи себе ты без упрёка.
Достигнем мы всего скорей,
Когда на сердце одиноко.
***

Мудрость

Не купишь мудрость на базаре,
Услышь и ты — я слушать готов.
Пискливый тон и рук дрожанье
Не приведут к свободе от
долгов.

Как нам об этом правильно
судить?
Божественную связь в себя
включает—
Всё, что должно одним
дыханьем жить,
Тот, кто живёт в себе — того не
знает.

Умение восстать живым из
пепла,
Не погружаясь в прошлом
никогда,
А значит, что сознанье окрепло,
Вновь возрождаясь раз и
навсегда.

***

Нет у нас ни рода, ни племени

Нет у нас ни рода, ни племени,
Словно листья, забытые осенью.
Мы с тобой — как два
поколения,
Потерялись во времени с
проседью.

Не суди — ведь неведомы тропы
Ни тебе, ни даже Каину.
Знать, зачем расставлены
стропы,
Чтоб в узде держать
неприкаянных.

Так зачем нам всё это надобно?
Куда мы стремимся суетно?
Видно, всё перепишет набело
Время новое и рассудит нас.

Не печалься о том, что
пройдено,
Не грусти об ушедшем времени.
Лишь одна у нас на всех
Родина—
Мы плоды с тобой её семени.

***

Перемены жизни.

Жизнь меняет краски
Жизнь меняет цвет.
Не вернуть напрасно
Нам прошедших лет.

Мы спешим и мчимся
В дали без оглядки,
Не успеть боимся
И дрожим украдкой.

Суета земная
Заполняет нас,
Мы бежим, теряя
Драгоценный час.

Мы бежим, не видя,
Что сейчас живем:
Любим, ненавидя,
Плачем о своём.

Зависть и гордыня
Разрослись вокруг,
В прошлом и поныне
Всё сжимая круг.

Так проходит вечность,
Так проходят дни,
Жизни быстротечность
Не уловим мы.

∗∗∗

РАЗНОЕ

Память

Мелодия звучит в ушах,
Забытой музыкой играя.
Прошла и юность второпях,
Всю радость в детстве оставляя.

Нам кажется, что этот звон,
Звучавший в недалёком
прошлом
Растаял словно сладкий сон
Оставив память о хорошем.

Исчезло всё в потоке лет —
Игра, наивность и веселье,
Но греет нас той жизни свет,
И пьянит разум словно зелье.

Прощайте, милые года,
Нам не вернуть вас никогда.
***

Глас Истины

Коль научился радоваться
жизни,
Вдыхая сладкий аромат цветов,
Не сетуя на горе, болезни,
Тревоги и потери от врагов.

В том — мудрость вечной жизни
скрыта:
В умении каждый миг ценить.
Что есть сейчас— прими
открыто,
А отдавая — ведь прекрасно
жить.

Наступит миг, когда всё это
Предстанет в качестве ином:
Спадёт весь хлам земного света
И Суть проявится во всём.

Быть одиноким в духе вечном,
Светить другим из темноты —
Вот плата в мире быстротечном.
Дели ответственность и ты.
Быть в гуще всех времён и
обстоятельств,
Найди себя в отдельном миге
дня.
Прими же всё, как должное,
приятель,
Будь светочем, магнитом, мир
ценя.

Неси свой свет смиренно и
свободно,
Не требуя взамен — дари
любовь.
Не видеть в этом счастье
невозможно.
Коль выбор сделан — значит, ты
готов.

Ум светел, сердце пламенем
объято,
Непонимание со всех сторон.
Бур, режущий породу
безвозвратно,
Скалы сопротивленья сокрушён.

Чему грозит опасность
непременно?
Противиться всему, и здесь, и
там —
Подобен глыбе твердой, не
согбенной,
Всё отрицающий, не верящий
словам.

Не убеждай напрасно
неготовых,
Пусть каждый сам пройдёт свой
путь.
Дорогу к сердцу пробивая,
словом,
Откроют в нём божественную
суть.

И строго не судите неготовых,
Пусть те, кто не воспринял,
отойдут!
Стену неверия пробьём мы
снова —
Поможем каждому найти
маршрут.

Не надо морщиться, заметив
повторенья —
Ведь это ключ к запоминанию
идей.
Кто ждёт сенсации — далёк тот
от ученья,
Будь терпелив, стоек, твёрд и
смел.
Единое — вот цель Ученья,
С душою вместе человек живёт.
Прийдёт он сам к объединенью
И в этом есть движение вперёд.

Слушай сердцем шёпот в
тишине,
Истину храни ты в глубине.
Приверженность рождает суету
—
Не верь словам, ни книгам
никому.

Лишь только Истине единой,
В которой скрыт творенья круг.
От взгляда зависит картина,
Где Мир тебе открылся вдруг.

А с дерева упавший лист —
Всего лишь лист, и больше
ничего.
Но лист на дереве — основа,
Он часть потока жизни—
естество.

Не будет там ни за славы, ни
богатства —
Созревший ищет Истину, любя.
Он знает цену внутреннему
рабству,
Ему не нужно утверждать себя.

Дух вечно молод, не угас
В душе ещё глубинный свет,
Когда наступит его час,
Пробьётся через тьму рассвет.

Потеря интереса — стой!
Лишь временный тупик.
Стоп перед взлётом — просто
вздох,
Мгновенье, краткий миг.

Не страшен путь, где есть
борьба,
Страшней — довольства плен.
В довольстве — тлен, в
движении — жизнь,
Гори, стремись, лети, держись!

Ищущий всегда ближе к цели,
Не суетящийся и охающий,

Но торопливо идущий,
Не кричащий и не стонущий,
Но надеющийся и ждущий.

Расширенным Сознанием
внедряясь,
Вы, как ключом в суть тайны
бытия,
Чтобы постичь всё сущее,
стараясь,
Взмыть до высот и распознать
себя!

***

Гимн Страны

Вставай страна! Нет больше
власти тьмы —
Как птица Феникс, счастье
возрождая,
Стряхни свой пепел страха и
войны,
Всё зло на этом свете побеждая.

Неси свой свет планете и
мирам,
Прокладывая первыми дорогу.
Мы открываем двери в Вечный
храм —
А значит первыми приходим к
Б-гу.

Пусть все идут за нами к
небесам.
Пусть все поймут, как трудно
быть в начале.
Колумбам смелым — слава здесь
и там,
А первые — не ведают печали!
***

Другу

Некуда нам скрыться от огня,
Сбросив все печали и заботы,
Нечего скрывать судьбу клеймя,
Уходя в далёкие полёты.

Лишь печаль и боль в твоей
душе,
Радости оставшиеся грёзы.
Будь спокоен ты на вираже —
Сменяться улыбкой твои слёзы.

И сон растаял словно дым,
Судьба злодейка тянет в омут,
Когда ты любишь молодым
Тогда — не плачут и не стонут.
***

Крик

Когда бросаешь ты в
пространство крик,
Своей души — непонятой, и
странной,
Ты ждёшь тот взгляд,
Который бы достиг
Реакции ответной, Чистой, без
обмана.

Но тщетны все твои усилья —
Вокруг тебя стена непониманья,
Не вырастут у птицы крылья,
И там, где глупость — не
отыщешь знанья.

Что ж ищешь ты среди
немногих?
Тепла, любви, а может
состраданья?
Не отыскать средь взглядов
строгих,
И нет у одиночества названья.

***

Прощайте все!

Прощайте все – я ухожу
Так просто в никуда.
И боль с собою уношу
На долгие года.

И унесу свою печаль,
Любовь, что не взросла,
Мечты, несущиеся вдаль,
Где красота жила.

И ласку, что не обрела
Пристанища себе,
И душу, полную тепла,
Ненужного нигде.

Не поминайте лихом зря —
Я был не так уж плох,
Я отдал миру сам себя,
А счастья не сберёг.

***

Нельзя стареть

Нельзя стареть под звуки труб,
Нельзя стареть из-за обиды,
Нельзя стареть, когда ты вдруг
Теряешь ежедневно силы.

Оставь все прошлые обиды,
Смотри глазами лишь вперёд,
Найди в себе побольше силы,
Чтобы продолжить жизни взлёт.

Найти себя —
Как пробуждение с рассветом,
Оставь свой след ты на Земле
при этом,
Чтоб ветер времён не задул без
следа,
И память осталась в веках
навсегда.

***

Совет другу

Знай: нет в бездействии
спасенья
Пусть рушатся твои миры,
Пусть жизнь – сплошное
невезенье,
Не выключайся из игры.

Хоть шанс – один на миллион,
Но станешь сам себя богаче,
Когда уверуешь, что он
Тебе фортуной предназначен.

***

Не Спрошу Тебя

(Посещено Автору)

Я не спрошу тебя, ЗА ЧТО,
Вопрос всегда ведь слеп.
Сказал два слова – и ушел,
И стал нужней, чем хлеб.

Ищу, чем голод утолить,
Но все трава-травой...
И невозможно дальше длить
Разорванность с тобой.

Я не спрошу тебя, КОГДА
Утихнет эта боль,
Ведь ты же знаешь, как сладка,
На свежих ранах соль.

Ведь ты не знаешь, как молчит
Чугунный телефон,
Как все смешалось: меч и щит,
Крик, шепот, полутон...

Ведь ты не знаешь, как сердца
Искусывают в кровь,
Как с этой кровью вдруг потом
Рифмуется любовь...

Смертельной раны не боюсь,
Я просто рвусь, как шелк,
И все рукой не дотянусь –
Так быстро ты ушел.

КОРОТКИЕ РАССКАЗЫ

Носок

Очень важная история. Я был носок и меня носил хозяин, и мы были с ним одним целым, и нам было хорошо вместе. Пока в один момент меня не отбросили как ненужное. Ну вот, отбросили как ненужную вещь. Я лежал один в куче других носков грязный, одинокий, заброшенный и, как казалось, в тот момент никому не нужный.

А ещё у меня была пара такая же точно как я ну в общем вторая половинка и мы были не разлей вода пока нас не поставили по разным стопам и тем самым разъединили. Было одиноко и обидно, но хозяин всегда был рядом, и я иногда мог видеть свою вторую половинку. И через Хозяина нам казалось, что мы вместе. И вот теперь Я лежу один в этой куче грязных носков и вспоминаю хорошие дни с грустью.

Ну вот однажды нас подобрали, всех вместе и бросили в какую-то машину, которая крутилась и вертелась, и была наполнена какой-то грязной водой и мылом. А потом сжимала и вертела ещё быстрее. И в этой круговерти вещей казалось уже конец. Казалось не выбраться никогда. И только было слышно вокруг: «что с нами будет теперь? что с нами будет?» И всё же я решил не переживать как все, а довериться этому круговороту и ждать лучшего Исхода.

И так и произошло- какая-то невидимая рука нас вытащила всех наружу и повесила на верёвке сушиться. Солнце обжигало, иногда сильнее, чем хотелось бы. Но ожидание лучшего Исхода успокаивало. И в какой-то момент он наступил. Нас собрали всех вместе и отнесли в комнату и начала происходить сортировка. Какая-то неведомая рука пыталась найти мою вторую половинку среди всей этой кучи носков, но безуспешно: то фасон не совпадал, то цвет, то размер не тот, то длина.

И вдруг, к моему великому удивлению, нашлась точная копия меня- моя вторая половинка и нас опять соединили вместе. И теперь обновлёнными, высушенными и выглаженными, и выстиранными мы смотрели друг на друга и не могли поверить своему счастью. Странно-только недавно мы боялись погибнуть в круговороте какой-то машины, а вместо этого вот, пожалуйста, здесь вдвоём. Мы лежали соединенными вместе, тесно прижавшись друг к другу, внутри какого-то темного закрытого помещения среди кучи таких же пар, но это уже не имело никакого значения.

Ну как обычно это бывает, счастье оказалось недолгим и нас опять разъединили, и я оказался на ноге Хозяина. Всё вернулось на круги своя. Но в этот раз — это было правильно и от этого было спокойно и уверенно, что этот круговорот жизни идёт так как и должен идти. Я снова наслаждался единством с Хозяином и радостью иногда видеть свою вторую половину, и принимать спокойно то, что в этом и есть моё Предназначение.

***

Бабочка и Гусеница

(Рассказ по мотивам Лао-Цзы)

Гусеница сидела на ветке и наслаждалась ясным солнечным днём и сочным листом, который она поедала не спеша и с наслаждением.

И вдруг, рядом на ветку села красивая бабочка. Её крылья были большие и броские отливали различными красками, как будто талантливый художник, взял палитру и разукрасил всеми возможными цветами её одеяние.

Она сидела важно на ветке и наслаждалась своей красотой и гордо выставляя всем это на показ, но гусенице казалось, что она издевается над ней и пытается её всячески унизить. «Такая даже со мной не заговорит, посчитает унижением. Я такая уродливая по сравнению с ней», — думала гусеница.

В это же время бабочка, посмотрев с презрением на то что было рядом с ней, посчитала это создание слишком безобразным, неуклюжим и недостойным того, чтобы обращать даже на это внимание. Она несколько раз раскрыла и закрыла свои крылья, а потом вспорхнув ими улетела вдаль, в поисках нектара, который можно найти на великолепных цветах.

А в это же время гусеница уползла восвояси и не то чтобы расстроенная этим событием, но несколько, как ей тогда казалось, униженная этой горделивой зазнавшейся красавицей, даже не удостоившей её своим вниманием.

И они разбежались в разные стороны, так и не узнав, что на самом деле они близкие родственники и то, что для одной было её прошлым, для другой — станет её будущим.

***

Дуб и Пальма

(Стойкость и Податливость)

Так получилось, что рядом, бок о бок, с молодых ростков, росли Дуб и Пальма. И вот превратившись в большие и стройные деревья, между ними возникло, как всегда, это бывает, разногласие на понимание жизни. Дуб очень гордился собой и как бы, осознавая своё превосходство, хвалился этим перед пальмой.

«Я такой сильный, — говорил он, - что могу выдержать любой ветер, любые испытания. У меня большой широкий ствол и сильные глубокие корни, у меня размашистые ветки с большими листьями и поэтому круглый год, мне ничего не страшно. «Посмотри на себя, — говорил он пальме, - ты такая слабенькая, даже отмираешь на зиму и поэтому сгибаешься перед каждым ветерком. Тебя легко победить».

«Всё совсем не так, —отвечала ему пальма, - в гибкости жизнь, податливость и мягкость- всегда выигрывают перед упрямством, несгибаемостью и неумением приспосабливаться к жизненным обстоятельствам.»

Уступить — не значит проиграть и быть смиренным скромным — не значит быть униженным. Так бы они и спорили, до скончания века, пока однажды откуда-то не пришла буря. Да такая сильная, что она сметала всё на своём пути. Сильный ветер ломал ветки деревьев и кустарники и даже вырывал с корнями вековые могучие стволы. Тропический, проливной дождь выливал такое количество воды, что почва становилась мягкой, податливой и за неё невозможно было зацепиться. А в дополнение к этому, град крошил и добивал то, что не закончил ветер.

Не обошла эта участь и наш Дуб. Он так уверенно стоял против ветра, так сопротивлялся его силе, как будто он - могучий Богатырь, которому нужно удержаться под натиском вражеской армии, но ветер оказался сильнее. Сначала он его согнул до земли, а потом и вовсе вырвал с корнем и отнёс далеко от того места, где он рос.

А что же стало с Пальмой - да ровным счетом ничего. Пальма согнулась под натиском ветра абсолютно не сопротивляюсь его порывам, не пытаясь удержаться, а поддавшись направлению жизненных обстоятельств, смиренно наклонилась и приняла всё как есть. А вот когда буря закончилась, Пальма с лёгкостью разогнулась и стала на своё место, как будто ничего и не произошло.

Оглянувшись вокруг, она не увидела рядом, привычно стоящего Дуба. Глубоко вздохнув, она с грустью посмотрела на разбросанные вокруг ветки и большую яму, оставленную в земле, на том месте, где когда-то стоял её друг детства, могучий несгибаемый Дуб.

⁂

Долина и Гора

Гордыня и Смирение

*«Гордый человек всегда смотрит
свысока на вещи и людей; и,
конечно же, пока вы смотрите
вниз, вы не можете видеть то,
что находится над вами.»
(К.С. Луис)*

Поспорили как-то Долина и Гора, кто из них нужнее
людям.

"Я выше всех, — говорила Гора, - когда люди
поднимаются на меня они смотрят вниз и видят всё, что
происходит вокруг. Они смотрят вдаль и могут видеть
перспективу. Они ближе к небесам. И людям кажется,
что они чего-то достигли, находясь на моей вершине. А
иногда под их ногами проплывают облака, и они
чувствуют себя выше облаков. Здесь никогда не бывает
наводнения, совсем наоборот — все реки текут вниз в
долину и затапливают её иногда. Некоторые из моих
вершин так высоки, что они покрываются снегом и
когда он тает, он наполняет реки водой. Реки наполняют
озёра и моря, поэтому я думаю, что от меня больше
пользы, чем от тебя."

"Я думаю, что ты ошибаешься,- с иронией ответила
Долина,- твоя гордость не даёт тебе видеть вещи такими
какими они есть, и ты смотришь со своей высоты, и
поэтому не замечаешь деталей и мелочей. И тебе всё

кажется маленьким и незначительным. Быть в низине, быть скромным - приносит гораздо больше пользы, чем тебе кажется. Да, снизу всё кажется большим, значительным и непреодолимым, но при этом вся вода, которая стекает сверху, наполняет Долину жизнью. И поэтому здесь растут и сады и огороды, и поля пшеницы, и кукурузы, и здесь пасутся всякие животные, которые на моих полях могут найти себе пропитание. Я даю человеку жизнь, а на твоих просторах ничего не растёт - там холодно и пусто и лишь одни голые скалы. Там бродят даманы и горные козлы в поисках еды и рады даже колючке.

На твоих склонах даже нет воды - она вся стекает вниз ко мне. И когда человек стоит в долине и смотрит вверх в небеса, у него рождается мечта — взобраться на эту высокую гору, достичь вершины и реализовать свои планы.

А что он чувствует когда стоит на твоей вершине?
Ну вот мы достигли верха, а что теперь? Даже страшно подойти к краю – ты можешь упасть, да и в какую сторону не пойдёшь — это всегда вниз."

Поэтому я думаю, что я нужнее, поскольку быть смиренным и скромным гораздо полезнее, чем быть гордым и возвышенным.

* * *

Рыба и Чайка

Сказка

«Рыба с птицей гнезда не вьют»
(Скрипач на крыше)

Чайки обычно охотятся на рыб, высматривают
поджидают их, а потом хватают и съедают. Ну вот
однажды приключилась интересная история: одна из
чаек увидела красивую рыбу с золочёной чешуёй и
цветными разводами, которые волнами украшали всё её
тело.

И так Чайке понравилось её грациозные движения в
воде, что она просто влюбилась. И вот выждав
определённый момент она решила ей признаться. И как
только рыба подплыла совсем близко, Чайка рассказала,
как она каждый день прилетала сюда и садилась на
огромный камень, выступающий среди волн, только
чтобы полюбоваться твоими волнующими движениями
и мастерским выпрыгивания из воды. И вот теперь она
решила, что было бы хорошо если бы они жили вместе,
как одна семья.

Рыба была в шоке, в недоумении. Она не могла себе
даже представить, как это возможно. Она пыталась
объяснить, что она не может жить без воды, а Чайка не
может жить в воде. И что смысл всей её жизни — это
плескаться в океане, а птица должна летать в небе.

А потом, в один прекрасный день, все её братья и сёстры станут внезапно обедом для чайки. А что скажут все родственники — и твои, и мои?
Но Чайка настаивала на своём: говорила, что не может без неё жить и что что-нибудь придумает. Например, возьмёт её и унесёт далеко отсюда, где никто их не знает. И они смогут начать всё сначала. Рыба же настаивала на своём и говорила, что это не любовь. Если ты любишь что-то есть, то это любовь к себе, а не к объекту твоей любви. Что у них не может быть детей, а даже если это было бы возможно — то, на что это будет похоже?

И пока они спорили и решали, что им делать, мимо пролетающий ястреб просто схватил нашу Чайку и полетел восвояси. А Рыба, а что Рыба? Ухмыльнувшись, поплыла себе дальше, грациозно двигая в воде телом, то и дело подпрыгивая над поверхностью воды, радостно наслаждалась лучами утреннего солнца.

⁂

Чашка

Чашка — это керамический сосуд, который заполняют различными жидкостями, ну скажем кофе, чаем, водой и так далее. Представим на секунду, что чашка могла бы говорить.

«Сначала я себе спокойно стояла на полке, сказала бы она, — среди других чашек, а потом меня взяли и налили в меня чай. В этот день могут налить горячую жидкость, а в другой холодную.

А потом меня моют, сушат, и ставят обратно на полку. Вроде никаких проблем, но сегодня в меня налили чай. Почему чай? Я люблю кофе. А может нальют кофе? — и я думаю: я обожаю этот сорт кофе, надеюсь они завтра будут его пить. Господи, пожалуйста, пусть завтра они будут пить этот же кофе.»

Итак, мы бесконечно переживаем о содержимом чашки, не понимая, что это содержимое непостоянно и от нас не зависит. В нас наливают всё что угодно, жидкость заканчивается, а мы остаёмся всё той же чашкой. Или мы можем просто быть и принимать спокойно всё, что в нас наливают.

Чашка всё равно останется чашкой.

***

Муха и Пчела

(Библейская притча)

Как-то однажды с муравьем приключилась такая история, о которой я хочу вам рассказать. Забрел он однажды в дивный сад, но, к сожалению, с земли всей красоты не увидишь. И поэтому решил он спросить пролетавшую мимо муху: «Подожди, скажи мне: ты же везде летаешь, всё видишь, а есть ли здесь цветы?»

А Муха отвечает: «Не знаю, как насчет цветов, но там, в конце - есть большая куча мусора и в этой куче, можно найти всю грязь, какую только пожелаешь». И она начала перечислять все нечистые вещи, в которых она побывала и какими наслаждалась. И полетела себе дальше.

Позже ему повстречалась пчела, вечно занятая собиранием нектара, если вы спросите пчелу: «Я слышал тут много мусора, Вы видели что-нибудь нечистое в этом месте?» она ответит: «Нечистые вещи? Нет, я не видела ни одного; здесь полно самых ароматных и удивительных цветов». И дальше он будет называть все цветы в саду или на лугу.

<u>Мораль:</u>
 Как мы видим, только муха знает, где находится нечистое, а пчела знает, где находится прекрасный ирис или гиацинт. Сад- как наша жизнь. Некоторые люди напоминают пчелу, а некоторые — муху. Похожие на муху во всех обстоятельствах стремятся найти зло и

озабочены им; они не видят ничего хорошего. Но те, кто похож на медоносную пчелу, видят во всем только хорошее. Глупый человек думает глупо и воспринимает все неправильно, тогда как человек, у которого хорошие мысли, что бы он ни видел, что бы вы ему ни говорили, сохраняет положительную и хорошую мысль.

***

www.ingramcontent.com/pod-product-compliance
Lightning Source LLC
Chambersburg PA
CBHW021341060726
47591CB00006B/2121